LE CONTRAT

ENTRE

L'ÉGLISE

ET LES

GOUVERNEMENTS

PAR

EUGÈNE GONEL

PRIX : 3 FRANCS

PARIS

CHEZ L'AUTEUR, 7, RUE DE MARIVAUX

ET CHEZ LES PRINCIPAUX LIBRAIRES

—

1862

Ce petit livre a pour objet de tracer le plan d'une étude pour servir à un examen plus approfondi sur la question romaine.

Il a été écrit sous l'inspiration de la lettre de l'Empereur, lettre que le *Moniteur* a publiée le 26 septembre de la présente année.

Elle nous conseille d'aller au *fond des choses* et d'examiner la question sous un autre aspect que l'aspect particulier choisi par les *deux partis extrêmes*.

C'est ce que j'ai essayé de faire.

Sans passion, sans prétention, je n'ai qu'un désir, c'est de fixer l'attention publique sur des faits qu'on a pu ignorer, mais qu'on aurait tort d'oublier.

Paris, 16 octobre 1862.

LE CONTRAT

ENTRE

L'ÉGLISE ET LES GOUVERNEMENTS

« *Gens Francorum inclyta, Deo auctore condita, fortis in armis.* »

Tel est le début du préambule de la loi salique.

Ce texte est l'expression formelle de l'idée du pouvoir spirituel en France au commencement du sixième siècle.

Il importe de constater ce premier fait, à savoir, que les rédacteurs, avant de faire les dispositions de cette loi, rappellent la gloire de la nation des Francs : qu'ils inscrivent que Dieu lui-même a réglé les conditions d'existence de cette nation, qu'ils proclament la puissance de ses armes. C'est notre première loi que je cite, c'est la loi fondamentale sur laquelle repose notre droit ancien. Elle dispose pour l'avenir, elle transmet aux générations futures des Francs l'esprit ou la pensée qui peut lui donner un caractère de sainteté, car elle est écrite, suivant son texte même, *inspirante Deo.*

Elle est une constitution nouvelle dont la religion catholique est la base; elle a pour objet de réformer toutes lois antérieures dont les dispositions ne concorderaient pas avec la pensée chrétienne (*at ubi, Deo favente, Clodoveus coronatus et pulcher et inclytus rex Francorum primus recepit catholicum baptismum*) pour réaliser la pensée de Clovis, l'illustre roi des Francs, qui, le premier, a reçu le baptême *catholique.*

Avant d'entreprendre la définition du sacre, je veux exposer certains faits qui, je l'espère, doivent servir à dissiper le doute trop généralement exprimé par les historiens.

A partir du jour où Clovis a reçu le *baptême*, il a la qualité de *fils aîné de l'Église*, qui l'a adopté, il a un titre nouveau.

A partir de ce jour, Clovis date ses lois et ses actes : « *La seizième année de notre règne et la première de notre baptême.* »

Il rend mémorables : 1° son premier règne, qui commence du jour où il a été proclamé roi par la nation ; 2° son second règne, qui commence du jour où il a reçu l'investiture de la couronne des mains du pontife qui *l'a establi en roi.*

On voyait en Clovis un nouveau Constantin.

De même que les historiens fixent la date de l'établissement de la religion chrétienne à la conversion de Constantin, de même ils font remonter à la conversion de Clovis et à l'époque de son baptême la *constitution de l'Eglise* en France et la *fondation de la monarchie française.*

Et quelle est donc la cause qui a pu produire immédiatement un si grand fait? Est-ce le baptême? est-ce le sacre?

Les historiens qui ne veulent apercevoir que le baptême dans la cérémonie célébrée par saint Remi se retranchent dans les limites du récit de Grégoire de Tours; ils oublient que cet historien ne pouvait pas, au sixième siècle, employer une expression qu'on ne peut espérer trouver qu'à la suite des temps dans les auteurs modernes, c'est-à-dire lorsque le contrat qui a été formé au moyen de ce baptême du premier roi de France est passé à l'état d'institution.

D'autres historiens veulent démontrer le sacre par le texte même du récit de Grégoire de Tours, et s'attachent principalement à interpréter les *onctions diverses* de manière à les appliquer à la consécration de la royauté. Ils oublient le fond des choses, et se préoccupent trop de la forme. Ils laissent de côté les conditions selon lesquelles le fait a eu lieu, et ne voient pas ce qui a précédé, ce qui a accompagné, ce qui a suivi ce fait.

Les décisions des conciles sur la matière, notamment celles qui datent de 633, à l'occasion de la confirmation de la royauté de Sisenand, et de 752, à l'occasion de la consécration de la royauté de Pepin le Bref, n'emploient pas notre expression moderne, mais ils reconnaissent les devoirs, et ils définissent les obligations qui naissent du contrat (1).

(1) Voir l'*Histoire ecclésiastique* de l'abbé Fleury à ces deux époques.

Ce débat ne peut être agité ici, il ne roule que sur un mot. Nous avons assisté nous-même en 1845, à Reims, à la discussion soulevée sur cette question dans une séance solennelle du Congrès scientifique de France, qui avait sa treizième session dans cette ville. L'examen n'a roulé que sur le mot (le texte de Grégoire de Tours) et sur la forme (les onctions), parce que les historiens eux-mêmes n'avaient pas procédé autrement. On échangeait des citations. L'assemblée n'a pas pu exprimer une conclusion. Quant à nous, nous n'insisterons pas sur le mot, sur le texte de Grégoire de Tours, ni sur la forme, sur les onctions diverses, parce que nous apercevons la chose elle-même, c'est-à-dire le contrat du sacre, dans les faits eux-mêmes (1).

Cependant je veux relever une contradiction flagrante dans les opinions des historiens qui nient l'idée du sacre de Clovis.

Tous, sans exception, lorsqu'il s'agit du sacre de Pepin le Bref, rappellent que la couronne avait toujours été respectée par les maires du palais, parce qu'ils connaissaient la vénération que les peuples avaient conservée pour cette image de l'autorité royale.

______

(1) Pour l'affirmative, voir les historiens Hincmar, Flodoard, Aimoin, don Marlot, Ducange, Mabillon, dom Cellier.

Pour la négative, dom Rivet de La Grange et plusieurs auteurs modernes.

Quant au testament de saint Remi, en ce qui concerne les paragraphes sur le baptême de Clovis, il a été considéré généralement comme apocryphe. Je n'en parlerai pas ici, pour ne pas entrer dans une discussion dont l'intérêt disparaît sous la forme de notre raisonnement, qui repose sur les observations que je soumets à l'attention publique.

Ils se laissent tous aller au sentiment public qui est de tradition; ils rappellent l'ambition de ces hommes puissants contenue par la crainte d'une violation de chose sainte; ils rappellent que Charles-Martel, ce *subregulus*, a osé laisser le trône vacant, mais qu'il n'a pas mis la main sur la couronne; que Pepin lui-même l'a respectée, qu'il a fallu pour qu'il l'acceptât, qu'elle lui fût offerte par le souverain pontife. Donc, les historiens qui n'admettent pas notre idée constatent, en fait, que le baptême des anciens rois avait produit dans l'esprit des peuples tout l'effet qu'on pouvait espérer d'une consécration de la couronne.

Si, au lieu de considérer le sacre comme une cérémonie spécialement religieuse, on veut bien voir en lui le caractère d'un contrat, tout le monde sera d'accord pour reconnaître que saint Remi et Clovis ont entendu faire, devant le peuple et l'armée, un pacte politique.

Lorsque l'évêque adresse à l'*illustre roi des Francs* la lettre qui doit lui inspirer la confiance, il l'invite « à répondre aux vues de la Providence, qui l'a élevé : à montrer de la déférence aux pontifes; il lui recommande de ne pas dédaigner leurs conseils, et il ajoute : Si vous agissez de concert avec eux, vos peuples seront plus heureux. » — N'oublions pas que l'Église est le principe de la civilisation entre le monde romain et le monde barbare. Arrêtons nos regards sur saint Remi; observons-le dans le milieu où il est placé; rendons-nous compte des faits qui se produisent autour de lui chez toutes les tribus qui l'environnent; tâchons de bien saisir la grande action qu'il exerce par son esprit seul, au moment où toutes les forces civilisatrices du passé viennent s'entre-choquer ; saisissons bien surtout son idée de la reconstitution d'une société avec les ruines qui tombent à ses pieds ; nous verrons alors un architecte qui élève un édifice nouveau, le génie de la science qui substitue à la place du temple païen la cathédrale du chrétien.

Le baptême de Constantin et le baptême de Clovis sont deux faits semblables, et cependant distincts, comme le christianisme, raison et pure doctrine, est distinct de l'Église, société universelle.

Saint Remi, ce grand civilisateur des temps anciens, se propose de fonder la monarchie française sur le sacrement du baptême.

Clovis, de son côté, ambitionne la conquête des nations gauloises, encore soumises aux lois de l'empire romain et placées sous l'influence et l'autorité de l'Église.

Il y avait, selon les espérances du guerrier et selon le désir du propagateur de la religion, un intérêt commun dans cette sainte alliance de l'esprit qui persuade et de la force qui subjugue.

La lettre de l'évêque Anastase, citée par tous les auteurs, renferme bien cette pensée, lorsqu'elle félicite le jeune roi dans ces termes : « Vous *étendrez* la *prospérité* de l'Église, notre mère, qui vient heureusement de faire *renaître* un si grand roi en Jésus-Christ. »

Clovis, et tous les rois qui ont été sacrés après lui par des évêques ou par des papes, ont tous promis solennellement de protéger l'Église et de faire respecter son autorité ; l'Église, de son côté, adopte le prince comme un fils ; elle s'engage à le protéger de toute l'influence de son esprit.

Le sacre n'est donc pas une simple cérémonie religieuse
selon la définition des auteurs, mais, selon les faits acquis
pour l'histoire et avoués par tous les historiens, suivant la
pensée des grands personnages qui sont les acteurs principaux dans ces grandes scènes qui se produisent aux yeux
du monde, il a le caractère d'*un contrat*, et ce contrat
a lui-même un double caractère, politique et religieux.
Toute définition qui ne comprend pas le caractère politique du sacre n'est pas complète, elle n'exprime qu'une
forme extérieure, et néglige de rappeler le côté utile du
sacre, le but proposé, l'alliance des deux pouvoirs. Le
sacre a pour objet de conférer à la royauté un caractère
de spiritualité qu'elle n'a pas sans l'intervention divine.

Il n'est pas possible d'entrer ici dans l'examen de la
théorie des pouvoirs, dont l'exposé exigerait des volumes;
mais nous pouvons l'analyser, afin de nous livrer aux ré-
flexions qu'elle provoque.

Le pouvoir est, suivant les éléments qui le constituent,
théocratique, ou monarchique, ou aristocratique, ou démo-
cratique, ou bien encore il peut renfermer tous les éléments
qui rentrent dans ces quatre formes.

Mais chacune de ces formes a la prétention d'avoir été la
première en possession de la société. Cette prétention s'ap-
puie sur le temps, sur la durée, qui semble avoir plus particulièrement un caractère de légitimité. Aucun gouvernement ne veut avouer que la force est l'origine de son
pouvoir, parce que la force ne fonde pas un droit.

Cependant l'appui moral que peut donner la durée au
droit d'origine, étant recherché par tous les prétendants qui

l'invoquent, est devenu lui-même insuffisant; de là la nécessité incontestable, irrésistible d'une intervention; de là, l'idée d'un pouvoir contre lequel les prétentions qui s'appuient sur la force matérielle ou sur le droit d'ancienneté n'ont plus de prise sur les esprits, c'est-à-dire de l'intervention du pouvoir spirituel. Ce pouvoir découle, pour tous les hommes, de la conscience qu'il existe un pouvoir supérieur à tous les pouvoirs de la terre, que l'autorité temporelle ne peut être que la représentation matérielle, l'image fragile de cette autorité suprême; que l'expression pure et vraie de l'autorité serait l'idée de sa participation à cette nature spirituelle.

Et, suivant toutes les théories, c'est l'Église chrétienne qui a été appelée à resserrer le lien entre les deux pouvoirs. C'est elle qui est devenue la médiatrice entre les hommes et Dieu; c'est elle qui a spiritualisé le pouvoir temporel en le purifiant, en l'idéalisant. En s'adressant aux nations, elle a intronisé ce pouvoir dans les consciences, qui ont ressenti son influence (1).

Une théorie, que je veux aussi analyser, semble s'attacher particulièrement à la démonstration mathématique, pour être plus rigoureusement logique.

Tout pouvoir a, dit-elle :

1° Un principe d'action, une cause première, un être actif qui produit un effet ;

2° Un sujet qui reçoit l'action, un être passif qui subit l'effet;

____

(1) Cette doctrine, qui est celle de plusieurs historiens, notamment de plusieurs écrivains sur l'histoire de la civilisation, a pour chef M. Guizot.

3° Un moyen d'action, un agent qui se trouve placé entre la cause et l'effet, entre les deux extrêmes.

Le pouvoir agit donc en vertu d'une cause première qui transmet son effet par un moyen, cause occasionnelle.

Cette théorie, pour faire une *application* de cette première observation, sur le *fait* de l'action du pouvoir, ajoute :

1° Le pouvoir du *chef* d'une nation est appelé à exercer une action de principe ;

2° Cette action doit être exercée sur les *sujets* qui composent la nation ;

3° Mais cette action ne peut être transmise du chef à la nation que par l'action d'une cause occasionnelle ou moyenne, qui est la *noblesse* ou le *corps des dignitaires*, dont les attributions consistent à établir le mouvement et l'enchaînement des rapports entre le chef et les sujets.

Si l'on fait une application de cette théorie à la forme de la pensée elle-même, on ajoute encore :

Nous ne pouvons pas même concevoir une pensée sans comprendre les trois membres qui la constituent, à savoir : le sujet qui agit, le verbe qui exprime et qui rend la signification de l'action, et le régime qui la reçoit (pensée ou phrase exprimée par des idées ou des mots).

Cette même théorie observe ensuite la loi de l'action, ses conditions d'existence, sa nature, et elle continue :

Il est physiquement démontré que l'effet participe de la nature de la cause.

1° La cause première agissant sur le moyen lui imprime sa force d'action et produit un premier effet, à la condition que le moyen participe de la nature de la cause première ;

2° Le moyen chargé de transmettre l'impulsion qu'il a reçue et qui participe nécessairement de la nature de la cause première, plus immédiatement en rapport avec lui, transmet son effet au sujet, mais à la condition qu'il participe de la nature du sujet ;

3° Et le sujet ne peut lui-même recevoir cette transmission d'effet par le moyen, qu'autant qu'il sera, par sa nature, en rapport immédiat avec lui.

Et, faisant encore l'application de cette partie nomique du raisonnement, la théorie ajoute : La *noblesse* ou le *corps des dignitaires*, qui a des attributions qui le mettent en rapport avec le chef de la nation, participe de la nature *du pouvoir du chef.* Mais, comme ce corps doit servir à exprimer une action pour la transmettre *aux sujets*, il participe en même temps de la nature de la *nation*, de la nature du peuple, qui est plus immédiatement en rapport avec lui.

Pour compléter cette rapide analyse par une conclusion logique en ce qui concerne l'action de l'Église, nous continuons :

Le pouvoir suprême que les hommes dans tous les temps et chez tous les peuples ont entrevu dans leur conscience est d'une nature toute spirituelle ;

Il réside dans l'intelligence suprême, qui est Dieu.

C'est donc de Dieu lui-même que les hommes devaient espérer recevoir ce caractère d'autorité.

Mais Dieu, par sa nature, est l'intelligence universelle ; il est le pouvoir spirituel universel. Le pouvoir divin exercera donc son action sur un sujet universel, c'est-à-dire sur l'universalité des hommes.

Mais quel est le moyen d'exercice de l'action ? Comment une autorité purement *spirituelle* pourra-t-elle transmettre d'une *manière visible* son action au sujet ?

C'est l'Église qui a été appelée à devenir le lien ou le médiateur entre le ciel et la terre, entre Dieu et les hommes, entre les deux pouvoirs spirituel et temporel.

Elle est intervenue pour remplir cette grande mission (1).

Il n'est pas nécessaire sans doute de développer ici l'application de ces théories. Cette troisième partie du raisonnement est suffisamment indiquée. Mais, en outre, et à côté de cet exposé, il convient d'analyser l'opinion publique elle-même, de rendre clair et précis comme une idée, le sentiment, le fait de la conscience des hommes.

Le sacre a toujours été considéré comme étant l'application de ce principe : que le pouvoir spirituel confère au pouvoir temporel un caractère de sainteté et d'inviolabilité. C'est une confirmation, c'est une sanction du choix de la nation.

L'autorité qui sanctifie le pouvoir temporel est représentée par le pape ou l'évêque qui agit au nom de l'Église.

L'Église elle-même est la société spirituelle ou religieuse; elle a un caractère d'universalité qu'elle emprunte à la nature de son action toute spirituelle, et reconnu par toutes les nations qui observent sa loi.

---

(1) Cette doctrine a pour chef le vicomte de Bonald. Voir aussi les précieuses notes à l'appui de la doctrine philosophique de M. Gatien-Arnould.

Le chef de l'Église, *comme chef de société*, est revêtu d'un pouvoir d'action politique qu'il emprunte à la nature du contrat que la cérémonie du sacre — et je dis volontiers que l'*institution* du sacre — a pour objet. Il est l'autorité qui sanctifie la royauté d'une manière visible, en même temps qu'il la conserve et la protége.

Il rattache la pensée du pouvoir humain à la pensée ou à l'idée du pouvoir divin, et en même temps la pensée du pouvoir royal à l'idée de la soumission du *peuple*.

Le serment solennel, qui constitue le contrat entre le chef de l'Église et le prince, fait naître des obligations pour toutes les parties intéressées dans ce grand acte.

Le ministre de Dieu, le prince, les sujets, tous doivent concourir par pensée et par action à la conservation et au respect des droits de tous.

La royauté consacrée n'est garantie par l'autorité spirituelle que pour mieux assurer la réalisation des espérances de la nation.

En dehors des théories, l'observation des faits que l'histoire nous présente *constamment* comme une règle pratiquée et suivie, nous amène à penser que, dans l'opinion, la voix du peuple donne à la royauté la légalité, c'est-à-dire *le droit d'être*; mais ce principe de vie ne dispense pas la royauté ni les sujets de recourir à la confirmation de l'élection. La légalité, le *droit d'être*, ne suffit pas pour caractériser *la vitalité ;* le sacre, en constatant les intentions, les conditions du contrat, en exauçant les vœux et les promesses, donne à *l'élection libre du peuple* et à l'acception *conditionnelle* du prince *le caractère de légitimité.*

Pour rendre hommage à la raison elle-même, il faut bien reconnaître que la souveraineté du peuple est un grand mot, mais n'est pas toujours une volonté éclairée. C'est la loi du nombre, c'est la force de la majorité ; elle n'est pas un pouvoir fixe, certain, réfléchi.

Ces considérations imposées par l'expérience nous conduisent à la conclusion d'une *sanction du droit* que le peuple a pu conférer lui-même sans bien définir et sans constater régulièrement les conditions selon lesquelles il a consenti.

Notre raison seule nous permet de prétendre qu'un prince chrétien et catholique, qui est appelé à régner par la voix d'une nation chrétienne et catholique, doit souscrire aux conditions qui forment la base de la monarchie chez cette nation.

Ce devoir lui est imposé par la loi qui, selon l'enchaînement des faits, a été la règle du passé. Ce devoir, que chaque individu ne peut imposer seul comme faisant partie du peuple, chacun le comprend et peut désirer qu'il soit rempli.

L'accomplissement de ce devoir est un hommage à Dieu, en même temps qu'il est une marque de respect pour la religion d'un peuple, et, en outre, il témoigne de la foi du prince dans une autorité sainte. Ce témoignage de la foi rehausse l'autorité royale aux yeux de tous.

Ne pas accomplir ce devoir, c'est s'appuyer sur les caprices de la volonté du peuple, et l'abandonner à la trop bonne opinion qu'on lui donne de lui-même.

Nous considérons le sacre comme institution religieuse et politique, et il est bien entendu que nous ne pouvons recourir ici à des citations d'exemples pour prévenir ou réfuter des objections qui reposeraient sur des faits historiques.

C'est bien le lieu de rappeler qu'il faut apprécier humainement les choses humaines. Et d'ailleurs, quelle est la forme de gouvernement, quelle est l'institution politique qui pourrait résister à un examen rigoureusement sévère, si, oubliant le fond des choses, on ne les considérait que sous l'aspect des abus?

Chaque siècle a la prétention d'être le siècle des lumières. Dans chaque siècle on a entendu des voix attaquer les institutions anciennes, et dire : « Cela n'est plus de notre temps. » A quelque degré de perfectionnement qu'un peuple puisse arriver, la lumière projetée par la science ne sera jamais plus brillante que la lumière qui émane de la pensée de Dieu. La science du bien est la première de toutes. Qui dit science dit religion ; la science morale sera la conclusion de toutes les autres. La science ne peut avoir pour conclusion l'athéisme ; elle proclame Dieu en proclamant ses œuvres, elle démontre sa puissance en démontrant sa sagesse, elle enseigne l'*ordre* en enseignant l'harmonie.

Ce qui était vrai comme principe pour les barbares, est vrai comme principe pour nous-mêmes. La barbarie, cette expression grossière et matérielle de la nature humaine, avait un grand amour de l'indépendance. Ces hommes, quoique simples, ont cependant bien compris tout l'intérêt qu'il y avait pour eux dans la sanction de leur choix par l'autorité sainte (*scientiæ clavem*, dit la loi salique) qui pouvait exercer un droit de remontrance, protester au nom de l'humanité ou au nom de la constitution, et signaler hautement les abus. C'est ainsi que *vox populi* devient *vox Dei*.

Cette simple observation du fait de l'importance du sacre dans l'opinion publique, suffit pour démontrer l'utilité morale et politique du double rapport qui a existé et qui doit toujours exister entre le souverain pontife et les rois catholiques, entre le souverain pontife et les peuples catholiques.

Depuis que la question italienne est agitée, c'est-à-dire depuis plus de deux années, il n'est pas possible de se rendre compte de l'indifférence avec laquelle la plus grande partie de la presse, en France, a fait le sacrifice d'un pouvoir dont l'*influence s'étend sur l'univers*. On ne peut se laisser aller à l'idée qu'elle n'a pu s'élever à la hauteur de cette question, et cependant, dès le début de sa polémique jusqu'à ce jour, elle n'a pas cessé de réclamer la solution précipitée de cette question, sans prendre en considération le moindre souvenir du passé. Cette partie de la presse dont je parle semble plus ardente que le plus ardent mécontent du parti révolutionnaire en Italie ; elle ne veut apercevoir que la nécessité de l'*urgence*, sans daigner se préoccuper de l'examen du véritable état de la situation. « Finissons-en avec Rome ! » tel est son mot d'ordre, qui semble émaner d'un pouvoir spirituel résidant dans un bureau de l'esprit. L'opinion de la presse *avant la lettre* est trop absolue, nous espérons qu'à l'avenir elle sera modifiée et plus réfléchie après une plus religieuse correction de ses épreuves.

Donc il n'y a rien à répondre à cette partie de la presse, car elle n'a rien étudié, rien apprécié ; elle n'a rien dit. Elle s'est donné la satisfaction de sacrifier le pouvoir temporel, mais sans compromettre, sans gêner l'action politique par un examen des principes. Elle nous a donné l'occasion de regretter tout le bien qu'elle aurait pu faire avec le talent et l'habileté d'un art qui consiste dans le savoir briller sous l'ombre.

Le *Moniteur* seul vient de faire entendre la voix de la raison, et cette voix, c'est celle de l'Empereur lui-même, qui nous conseille *à tous* d'aller comme lui *au fond des choses, d'interroger le bon sens, et qui aime à se persuader que la vérité, cette lumière divine, finira par pénétrer dans les esprits.*

Rome a traversé bien des temps de crises, comme tous les pouvoirs de la terre; elle a essuyé bien des outrages, mais toujours elle a été *en la protection et sauvegarde du roi de France.*

Dans la dernière année du huitième siècle, lorsque l'autorité de Léon III est compromise et menacée par les séditions, lorsque la personne même du pontife est exposée aux violences des partis, qui lui font subir les plus horribles traitements, un seul asile est ouvert au pape, c'est le cœur de Charlemagne. Il implore le secours et la protection du grand roi. Et Charlemagne s'avance vers l'Italie. Sa démarche n'est pas celle d'un conquérant, elle a la solennité qui convient à un grand juge. La clémence le précède, l'amnistie est proclamée. Il porte en main sa grande épée, mais il porte cette épée comme le signe du salut. Charles entre dans Rome, et l'ordre est rétabli.

Cette victoire remportée sur les factions, elle est attribuée au pape lui-même; elle reste à l'autorité inviolable qui doit conserver toute sa force. Le pape reprend sa place dans le cœur des fidèles. Les expressions de l'amour, du respect, de la soumission et du dévouement font oublier les expressions de la jalousie et de la haine des ambitions confondues. Et Léon III se dresse plus haut et plus grand sur son siége en présence de Charlemagne lui-même, qui vient au nom de la justice l'honorer de son respect.

Dans toutes les crises politiques et religieuses nous avons pu remarquer la fermeté et la sagesse des papes.

Nous les voyons transiger avec l'autorité du génie des Pepin, des Charlemagne, avec François Ier, Henri IV, Louis XIV, Napoléon Ier; mais jamais ils n'ont voulu laisser régler leur pouvoir par un Louis le Débonnaire, un Charles le Chauve, un Lothaire, en France, ou par un Henri IV en Allemagne.

Le génie, c'est l'esprit. Le pouvoir spirituel transigera toujours volontiers avec le génie, et le génie voudra toujours s'associer avec l'esprit.

La question italienne a pour objet, aux yeux des hommes politiques, le *pouvoir temporel* du pape, et ces mêmes hommes semblent faire dépendre cette autorité de la *possession d'un territoire*. Cependant, tout homme qui veut bien réfléchir un instant et se rendre compte de la forme de ce pouvoir, de sa nature et des conditions selon lesquelles il s'exerce, concevra spontanément une tout autre idée de l'autorité qui le constitue.

Le pouvoir temporel n'est pas toujours visible et sensible; il peut résider dans un simple droit *de faire* puisqu'il *est pouvoir*, dans une faculté *de vouloir*, puisqu'il est principe d'action. Considéré comme droit et faculté, il se confond avec le pouvoir spirituel, il est incorporel, il est une idée; il a quelquefois un caractère insaisissable, même pour notre esprit qui ne peut le séparer d'une manière précise du pouvoir spirituel. La question des investitures, dans le moyen âge, a donné lieu à des luttes vives et prolongées sur la fixation des limites des deux pouvoirs.

Nous n'avons pas de raisons pour l'examiner ici relativement au pouvoir royal; nous devons rester dans le cercle tracé pour l'étude de la question italienne qui s'agite, et sous cet aspect particulier, nous pouvons avouer que le pouvoir temporel (action), a été confondu trop généralement avec *le droit* de propriété (possession), qui est lui-même un principe d'action dont nous parlerons.

Cette maxime : « l'effet participe de la nature de la cause, » est toujours vraie.

Dans les profondeurs du passé, nous apercevons le monde païen ou idolâtre incapable de comprendre ce qui n'impressionne pas les sens, qui ne peut voir une autorité si elle n'a pas l'apparence d'une force matérielle, qui ne conçoit pas l'idée d'un *être* sans une forme, enfin, qui ne reconnaît un droit qu'en présence des moyens à l'aide desquels le droit est mis en exercice ou en action.

Et tout cela me paraît conforme à la raison qui accepte, philosophiquement parlant, qu'il est dans l'ordre des faits humains un premier âge où l'intelligence n'a pu être développée que par des signes sensibles.

Cette première observation nous permet donc d'affirmer que la puissance temporelle a une origine ancienne. Elle nous permet de continuer notre examen et de suivre l'enchaînement, l'ordre, la marche progressive des faits suivant une législation qui est l'histoire.

Sans entrer dans des développements, disons tout de suite que l'histoire fixe à l'époque de l'édit de Milan l'origine de l'autorité des pontifes chrétiens. Les philosophes, les historiens, les jurisconsultes ont tous partagé cette opinion, que les pontifes chrétiens ont hérité des attributions du pouvoir des pontifes romains. Ils démontrent en citant les lois, en exposant la forme de l'administration publique, que dans les quatrième et cinquième siècles l'élément religieux et chrétien vient se mêler à tous les éléments politiques, qu'il apparaît dans tous les mouvements de la vie de la société romaine, et que la tutelle des *municipes* (villes municipales) ne pouvait être exercée sans le concours des évêques. « Nous voulons que les défenseurs des cités, bien instruits des saints mystères de la foi orthodoxe, *soient choisis* et institués par les vénérables, les *clercs* (1)... » Mais bientôt avec ce pouvoir d'action temporelle s'accroît et s'agrandit la propriété territoriale, le domaine de l'Église. Saint Grégoire, élu pape en 590, écrit qu'il est le trésorier de l'empereur pour subvenir aux besoins de Rome. L'empereur était en Orient, le préfet de Rome était alors dans l'impuissance de prévenir et de réprimer les tentatives des Lombards sur les provinces italiennes. C'est saint Grégoire qui administre, qui agit, qui transige.

Il a en mains tous les pouvoirs, et il écrit lui-même à un évêque :

_____

(1) Code de Justinien, liv. Ier, tit. *De defensoribus*, § 8.

« Celui qui est appelé pasteur à la place que j'occupe est tellement absorbé par les soins extérieurs, qu'il y a souvent lieu de douter s'il remplit l'office de pontife ou celui de prince de la terre. »

Il écrit encore :

« Voici vingt-sept ans que nous vivons dans cette ville au milieu des armes des Lombards (1). »

Et déjà à cette époque, « quelle que fût d'ailleurs sa part d'autorité politique, le pape était l'administrateur naturel des richesses de l'Église et de ses nombreux *patrimoines* dont quelques-uns étaient aussi vastes que des provinces.

« Au temps de saint Grégoire (fin du sixième siècle), il y en avait vingt-trois en Italie et dans les îles de la Méditerranée, en Illyrie, en Dalmatie, en Gaule et dans d'autres pays encore.

« Le patrimoine appelé les Alpes cottiennes contenait Gênes et toute la côte maritime jusqu'à la frontière gauloise. L'Église romaine avait des patrimoines jusqu'en Afrique.

« Quelques-uns des terrains qui en faisaient partie étaient incultes faute d'habitants; l'exarque Gennadius prit soin de les faire repeupler. Saint Grégoire l'en remercie dans une de ses lettres..... Ces antiques patrimoines de saint Pierre produisaient des revenus considérables, mais les papes n'en appliquaient qu'une faible part à leurs dépenses personnelles.

« Ils se regardaient non comme les possesseurs, mais

(1) *Epistolæ s. Gregorii*, traduites par L. H. Gondrin.

comme les dépositaires et les gardiens de ces trésors (1). »

Nous pensons que ces citations peuvent suffire ici pour confirmer l'idée ou l'opinion de l'ancienneté de l'origine du pouvoir temporel, considéré comme action ou considéré comme possession de territoire.

Ce pouvoir et ce droit de propriété peuvent constituer le pouvoir temporel, si l'on veut; mais notons bien que, considéré sous cet aspect, il a été conservé et respecté dans toute son intégrité par nos rois.

Ce droit a sa source dans les institutions politiques et civiles. Il semble participer largement de la nature du pouvoir que nous nommons exécutif. Celui que la confiance du prince et la foi publique ont élevé au rang d'arbitre pour régler la conscience des hommes selon les dogmes en matière de discipline, ou selon les dogmes de foi, celui-là devient naturellement et logiquement et nécessairement le conseil, le magistrat, le juge. Celui qui représentait la science devait aussi représenter le pouvoir. Charlemagne, qui avait assisté au sacre de son père, et qui avait reçu en même temps que lui la consécration pour l'avenir, pensait que la royauté, qui s'épure et s'éclaire sous les inspirations de la sagesse divine, doit rehausser la dignité du pontife, et l'illustrer par son hommage. Il voyait dans la papauté l'*origine* de la royauté, il avait été le témoin du fait de la *vitalité* donnée au pouvoir royal par la *sanction* de l'élection ; le pape

---

(1) *Origine du pouvoir temporel des papes*, par M. Filon, *Magasin de librairie*, t. 8, 32ᵉ livraison, publié par M. Charpentier, année 1860. Nous conseillons la lecture de cette étude sur le pouvoir temporel.

était son père spirituel comme prince, il était son principe.

Et pourquoi le pouvoir du pape n'aurait-il pas grandi comme la monarchie elle-même qu'elle faisait progresser ? Ce pouvoir avait tout fécondé, tout organisé autour de lui. La papauté spiritualisait la royauté. Celle-ci donnait le temporel à la papauté. Admirable action réciproque et toute d'amour de l'une sur l'autre, et conforme à la loi physique en vertu de laquelle la terre rayonne vers le ciel pour lui restituer une partie de la chaleur et de la lumière qu'elle en reçoit.

A ces hommes toujours prêts pour la destruction, qui demandent la suppression immédiate d'un agent, d'une force, d'une influence universellement ressentie, sans se préoccuper des moyens de remplacer dignement ou utilement la chose supprimée, nous dirons :

Si le fait d'une existence qui a duré quinze siècles ne peut avoir une place dans vos souvenirs, considérez au moins ce que vous avez pu voir vous-même ou ce que votre père vous a dit avoir vu.

Vous avez vu ou votre père a vu la grande révolution de 1789. Cette révolution a agité tous les principes ; elle a été accomplie au nom de la souveraineté du peuple, elle a été consommée dans le siècle de la science.

A quelle source pure cette révolution *universelle* a-t-elle puisé les principes de l'égalité, de la liberté et de la fraternité ? A ceux qui l'accusent avec l'ardeur d'un esprit de parti, nous répondons que la révolution de 1789, considérée dans sa pensée, a fait disparaître tout ce qui empêchait la grande *idée chrétienne* de briller dans son éclat naturel et de se réaliser. A ceux qui rêvent encore à la réalisation immédiate de cette grande pensée, nous rappelons les *moyens de* 1793, nous rappelons que s'il est beau de résumer tout un passé à titre de conséquence; que, s'il est sage de *préparer* l'avenir à titre de principe, il est téméraire de *brusquer la transformation*, et que la violence ne peut être un moyen de persuasion.

Comme moyen, elle avait supprimé le *roi* et *Dieu*. Elle proclamait le règne du peuple, elle élevait des autels à la *Raison*. Et le peuple, ce souverain temporel, et la Raison, cette déesse qui représente l'idéal et le spirituel, ont-ils pu former entre eux une association féconde? De quelle manière cette association a-t-elle vécu? Nous offre-t-elle une vie de paix et de concorde, d'amour, une vie selon l'harmonie qui chante l'idée de l'ordre et de la justice? ou bien est-ce une vie de sacrifices, de luttes sanglantes et de réactions? En fait, cette association a abouti au scepticisme et à l'anarchie.

Ne confondons pas la pensée de 89, pensée chrétienne, avec l'action ou l'art de 93, application précipitée, irréfléchie, brutale. L'opinion républicaine a toujours échoué parce que, selon nous, elle ne s'est pas associée avec le sentiment religieux. Sous prétexte de lutter avec le mysticisme, elle a combattu la doctrine chrétienne elle-même, qui est la plus pure expression du rationalisme. Le rationalisme, considéré comme la pensée de la doctrine chrétienne, ne peut avoir lui-même un moyen de propagation plus puissant que le *catholicisme*, qui est l'esprit ou la *raison universellement* appliquée. Le moyen politique de propagation du rationalisme fut la guerre. Pascal a dit : « Il y aura toujours des pélagiens et des catholiques, et toujours combat. » La plus grande révolution du monde, c'est celle que Constantin a osé accomplir, et c'est la doctrine chrétienne qu'il a placée entre le passé et l'avenir.

Enfin, 93 a enfanté la terreur au dedans et la guerre au déhors. Mais la guerre a enfanté un grand homme, un homme de génie, un guerrier sublime, qui a rattaché l'idée de l'ordre à l'idée de la gloire, et qui a su ressaisir l'autorité et se l'approprier, se l'assimiler. Ce guerrier, vainqueur de l'ennemi au dehors, vainqueur de l'anarchie au dedans, a été pour toutes les espérances le principe et le moyen ; il a été la pensée et l'action. Cet *homme-esprit*, cet *homme-peuple* devait être aussi l'*homme-pouvoir* ; il devait être bientôt Napoléon Ier. Il soutient, il relève le peuple qui fléchit sous le poids de sa souveraineté ; la science l'illumine, et les nations l'attendent ou le redoutent avec admiration.

L'histoire redit sans cesse :

Qu'il rassemble les éléments confondus dans le chaos révolutionnaire, qu'il veut opérer le rétablissement de la grande harmonie sur les ruines du passé, et qu'il commence son œuvre par le rétablissement des cultes. Il n'est pas seulement le magistrat politique qui ne voit que la loi positive et l'intérêt matériel, il veut répondre aux espérances de l'esprit, il comprend que les nations admirent l'éclat de sa gloire, et que sa gloire sera sainte si elle est spirituelle. Il ne voit pas seulement un peuple, il conçoit le monde. La pensée de l'humanité lui inspire la pensée de Dieu.

C'est alors que la grande question des cultes est proposée, et l'histoire dit bien que c'est Napoléon qui la propose.

Poser cette question, en son nom, c'était la résoudre.

Le 5 avril 1802, le gouvernement, par l'organe du conseiller d'État Portalis, présentant au Corps législatif l'exposé des motifs du projet de loi relatif à la convention passée avec le pape, s'est livré à l'étude la plus scrupuleuse de la doctrine religieuse. On a procédé à l'examen suivant la méthode tracée par la philosophie du siècle, on s'est placé dans le doute absolu, on a dégagé l'esprit de toutes ses préoccupations, et l'on a consulté la nécessité elle-même comme une loi de nature.

Une religion est-elle nécessaire ?

Tel est le point de départ de l'examen, et le législateur s'empresse de consacrer ce principe, « que l'utilité ou la nécessité de la religion dérive de la nécessité même d'avoir une morale ; que l'idée d'un Dieu législateur est aussi essentielle au monde intelligent que l'est au monde physique celle d'un Dieu créateur et premier moteur de toutes les causes secondes. »

Est-il possible d'établir une religion nouvelle ?

Cette seconde question, posée au milieu des débris et des ruines, s'élève à l'instant à la hauteur de la première, et le législateur consacre ces principes :

1° Que la foi ne se commande pas ;

2° Qu'on ne croit à une religion qu'autant qu'on la suppose l'ouvrage de Dieu ;

3° Que c'est le christianisme qui a donné à l'univers sa forme sociale ;

4° Que la religion chrétienne ne se montre pas comme

celle d'un peuple, *mais comme celle des hommes;* non comme la religion d'un peuple, mais comme *celle du monde;*

5° Que cette religion est la *plus accommodée* à notre philosophie et *à nos mœurs.*

La troisième question a pour objet la nécessité de l'*intervention du pape* pour éteindre le schisme qui existait entre les ministres catholiques.

Et le législateur consacre encore ce principe :

1° Qu'il y a pour le gouvernement nécessité de s'entendre avec le saint-siége ;

2° Que l'influence du pape ne saurait être *incommode à la politique* ;

3° Qu'il est toujours heureux pour un État d'avoir un moyen canonique et légal d'apaiser des troubles religieux.

Une autre question est encore soumise à la délibération : elle a pour objet la réunion des deux pouvoirs en la personne du chef de l'État, ou *la séparation des deux pouvoirs.*

Et le législateur accepte comme principe et comme observation générale reçue par l'opinion :

1° Que les gouvernements des nations catholiques se sont rarement accommodés de l'autorité et de la présence d'un patriarche ou d'un premier *pontife national ;*

2° Qu'ils préfèrent *un chef éloigné ;*

3° Que l'exercice de la puissance civile pourrait être traversé s'il y avait dans le même territoire deux chefs, l'un pour le sacerdoce et l'autre pour l'empire, qui pussent partager le respect du peuple ;

4° Que pour investir, en France, le magistrat politique de

la dictature sacerdotale, il aurait fallu changer le système religieux de la *très-grande majorité des Français*, mais qu'il n'est pas possible de trouver les esprits *disposés à accepter* un tel changement.

Vous le voyez, la pensée qui s'applique au rétablissement de l'ordre politique et religieux reconnaît :

Qu'une religion est nécessaire ; — que la religion chrétienne est la belle religion, la vraie religion, et la religion utile pour la France ; — que le chef de l'Église, le pape, doit être maintenu dans *l'exercice de son pouvoir* ; — que la *résidence du chef de l'Eglise* doit être *en dehors* du territoire.

C'est ainsi que l'organisation sociale de l'Église résiste aux investigations du plus sérieux examen ; cette conclusion est son éloge, cette conclusion, c'est son dernier triomphe. Elle a vécu comme œuvre parfaite, elle reste œuvre parfaite, et elle vivra dans toute sa perfection. — Mais ce n'est pas tout encore ; quelques années après le rétablissement des cultes en France, lorsque le monde entier a ses regards fixés sur l'Empereur, lorsque les peuples, surpris et vaincus, attendent de lui une nouvelle destinée, lui, le génie moderne, lui, l'homme fort par les armes, lui, l'homme fort par la science, comprend aussi que les siècles passés le contemplent ; qu'il faut rattacher ces siècles passés aux siècles de l'avenir ; que sa grande mission est de rétablir les rapports et l'harmonie dans l'enchaînement des institutions ; qu'il est appelé à devenir l'anneau de jonction de cette grande chaîne ; que son autorité doit rentrer dans l'ordre des idées qui forment les croyances des nations, et que son pouvoir temporel doit revêtir son caractère de spiritualité.

Et Napoléon 1er est sacré avec le titre d'empereur; il est sacré après avoir été l'élu du peuple; il est sacré après avoir fait accepter sa loi; il vient, en présence de son grand peuple et en présence de sa grande armée, prêter entre les mains de Pie VII le serment de fidélité à la constitution de l'empire, et promettre solennellement sa puissante protection à l'Église.

Et plus tard encore, lorsque l'empire du nouveau Charlemagne est détruit par les événements à la suite de nos guerres, lorsque l'ancienne dynastie vient reprendre sa place sur le trône de France, le roi se présente une charte à la main. Cette charte semble être la garantie des droits du peuple; elle proclame le respect que l'État professe pour les sentiments religieux et les droits de la nation française.

Par son article 74, elle pose en principe que *le roi et ses successeurs* feront serment entre les mains du souverain pontife d'observer fidèlement cette loi fondamentale sur laquelle repose l'intérêt de tous. C'est une sûreté pour la nation.

Le sacre est donc prévu, il est rappelé, et figure parmi les *conditions constitutives* du pouvoir.

« Ils jureront, dit la loi, dans la solennité du sacre, d'observer *fidèlement* la présente charte constitutionnelle. »

Voilà ce que vous avez pu voir, ou ce que votre père a pu vous dire avoir vu.

C'est toujours avec la pensée de l'intervention du pouvoir spirituel que la monarchie française, dans tous les

temps, prend son caractère d'autorité. C'est toujours le chef de l'Église qui est appelé par l'*opinion publique*; c'est avec lui et par lui que l'ordre est assuré et que toutes les institutions se fondent, *inspirante Deo...*

A la fin du cinquième siècle, sous le règne de Clovis, en l'année 496; sous le règne de Pepin et de Charlemagne, à la fin du huitième siècle; pendant l'anarchie féodale, dans les dernières années du moyen âge, c'est l'esprit de l'Église qui caractérise et confirme le pouvoir politique, qui forme les mœurs, la législation, les croyances. — C'est sous son inspiration que notre roi Henri IV met fin à des guerres civiles et religieuses qui ont duré trente ans. « Si le roi de Navarre était présent, avait dit le pape Sixte-Quint, je le supplierais *à genoux* de se faire catholique. »

C'est à cet esprit de l'Église que la France a eu recours après ses terreurs de 1793, et c'est avec lui que, dans le siècle présent, en 1802, elle réorganise l'ordre et assure l'autorité.

C'est à l'esprit chrétien que nous devons nos lois, notre langue et nos institutions, tout notre droit ancien et notre droit moderne.

« Le droit romain est arrivé à un premier degré de perfectionnement sous l'inspiration de l'esprit chrétien, le droit moderne est arrivé à un degré de perfectionnement plus avancé, sous l'inspiration du même esprit (1). »

Suivant la pensée de la doctrine philosophique, le sacre

(1) Pensée de M. Troplong sur l'influence du christianisme sur le droit.

est la constatation du fait du sentiment de rapport entre le ciel et la terre, et, suivant l'application de cette doctrine, il est la loi selon laquelle ce rapport existe, la condition d'existence du pouvoir et la confirmation du principe par un *contrat* qui règle ce rapport entre les *gouvernements* et l'*Eglise*.

Toutes ces observations sur les principes, et ce simple exposé des faits, doivent tendre à faire ressortir la gravité de la question qui s'agite. Nous avons voulu invoquer le souvenir du passé pour faciliter l'examen approfondi de cette matière, car il faut bien convenir que les partis extrêmes se sont trop préoccupés de l'opportunité, dans l'intention d'arriver à une solution précipitée.

Aujourd'hui les armes sont déposées, le sort des peuples italiens est à peu près fixé, toute l'Europe est d'accord sur l'unité de la nation italienne; cet accord sur la question politique permet l'examen libre et réfléchi de la question religieuse, et tant que l'esprit de la France persévérera dans sa pensée de protection du territoire de l'Église, le chef de l'Église sera chez lui, et *restera maître chez lui*. — Il ne faut pas confondre les espérances et les vœux d'une population avec les impatiences et l'ardeur des hommes d'action, ou des hommes qui sont les représentants des partis. Si l'on mesure l'impatience d'un peuple à l'ardeur de sa fièvre, il faut d'abord calmer cette ardeur et attendre que la raison soit maîtresse du délire.

Pour apprécier la situation actuelle avec impartialité et avec le sentiment de justice que commande la circonstance, ne confondons pas le fait de la conquête du territoire des princes italiens auxquels on a déclaré la guerre et qui ont accepté la guerre, avec l'envahissement précipité, accidentel des territoires qui sont les États de l'Église. En raisonnant *à priori*, c'est-à-dire en nous reportant à une époque antérieure au fait accompli, demandons-nous : 1° si, d'une part, les princes italiens pouvaient prévoir leur sort, et, d'autre part, si les puissances catholiques et les peuples catholiques de l'Europe ont pu prévoir une transformation des États qui comprendrait même ceux de l'Église ;

2° Demandons-nous si le pape, le chef de la chrétienté, le gardien des domaines de l'Église, a pu nécessairement comprendre que la force armée viendrait résoudre dans ses États la question révolutionnaire en expropriant l'Église, et en conservant, à titre de conquête, la propriété que les siècles seuls protégent;

3° Enfin, prenant en considération notre qualité de Français et notre caractère religieux, demandons-nous encore si nous avons prévu la conséquence qui résulte du fait accompli, et s'il y a pour nous *nécessité* ou *devoir* de tolérer ce nouvel état des choses.

Chacun de nous peut répondre selon sa conscience à toutes ces questions.

Ceux qui insistent pour la suppression du pouvoir *temporel* veulent que la France abandonne Rome et le pape. Comme motif, ils invoquent à l'appui de leur réclamation le vœu des populations qui, disent-ils, demandent une administration plus en rapport avec leurs besoins. Ceux-là ne réclameront que cette réforme tant que le pape n'aura pas fait cette concession; mais du jour où cette concession serait faite, ils inventeraient un autre prétexte pour en finir avec la Rome *spirituelle*.

Et d'ailleurs, parmi les puissances, quelle serait celle qui aurait le droit d'exiger notre départ? Est-ce la Russie? Évidemment non, car si elle parlait dans ce sens, on la prierait de donner un bel exemple en donnant satisfaction aux vœux de la Pologne. Est-ce l'Autriche? Encore moins, car la voix italienne de Venise ferait entendre le cri de sa nature.

Est-ce la Prusse? Mais la Prusse ne ferait qu'exciter *vocem populi*.

C'est donc l'Angleterre?

Nous ne pouvons pas entrer dans le fond de la politique, mais rappelons-nous bien le rôle que l'Angleterre a toujours joué en Europe. Je veux apprécier ici l'esprit anglais en m'appuyant sur l'opinion du plus célèbre historien de l'Angleterre, Hume, qui a passé une partie de sa vie en France, et qui habitait la ville de Reims; il connaissait les deux peuples. Il dit : « Les succès que les armes d'Angleterre ont eus en différents siècles sur la France ont été dus en grande partie à la situation favorable de ce premier royaume. Les Anglais, heureusement cantonnés dans une île, pouvaient tirer parti de toutes les infortunes qui accablaient leurs voisins, et étaient peu exposés aux dangers des représailles. Ils ne quittaient jamais leur pays que conduits par un roi d'un génie supérieur, ou lorsque des factions intestines divisaient leurs ennemis, ou qu'eux-mêmes étaient soutenus par des *alliances puissantes* sur le continent (1). »

(1) Hume, *Hist. d'Angleterre*, trad. de Campenon, vol. 5, chap. 20.

L'Angleterre est toujours intervenue pour exciter et animer les discussions en Europe; elle est étrangère à notre question religieuse. Elle n'a rien fait pour seconder les armes du roi d'Italie, mais elle veut délibérer et seconder par son appui moral et politique les efforts du parti révolutionnaire.

L'Angleterre a trouvé bon que nos soldats fussent pendant douze années les gardiens et les défenseurs du pape ou de Rome, et le jour même où le pape et Rome sont en danger, menacés et renfermés dans le cercle de leurs ennemis, elle dit qu'il est l'heure de partir ! Nous répondons avec la logique qu'il y a une raison de plus de rester, et qu'il serait l'heure de venir à leur secours si nous n'avions rien prévu et si nous n'avions pas été fidèles à notre poste. Selon nous, ce n'est pas quoique l'Angleterre s'opposât, mais parce que l'Angleterre s'opposerait, qu'il faudrait examiner plus librement et plus profondément la question italienne.

A l'époque où l'Angleterre a renié le pape, elle a en même temps désavoué Luther.—Elle a son Église anglaise, comme sa nation, *cantonnée* dans son île. — Elle professe sa religion, comme sa prétendue doctrine politique, selon le besoin du *je* ou du *moi* anglais. — Elle proclame le droit d'asile, et elle pratique ou exploite la protection hospitalière *selon le besoin de la cause.* — Elle prêche l'émancipation des peuples, et elle tient la catholique Irlande par la *laisse* qu'elle nomme *l'union.* — Elle proclame l'affranchissement des esclaves, elle poursuit la traite sur les mers; et, sur le continent américain, sa justice chancelle, le plateau de sa balance cède sous le léger poids du coton.

La charité anglaise n'est pas la charité chrétienne. C'est la charité industrielle et politique. Charité qui n'est pas l'amour, qui n'est pas spontanée, mais raisonnée, pesée, mesurée.

Fière et orgueilleuse, l'Angleterre veut être l'esprit universel, mais elle n'a que des manières de dire et des manières de faire autrement que les autres. Elle ne vit pas selon l'esprit universel, mais contrairement à cet esprit. L'esprit même de la matière, la vapeur, la tuera.

Donc, l'esprit anglais dans la question des pouvoirs du chef de l'Église chrétienne et catholique n'est pas une autorité, il ne peut être qu'un embarras.

Le caractère spirituel figure dans toutes les expressions du pouvoir chez toutes les nations. Souvent ce caractère est réuni au pouvoir civil dans la personne du chef de l'État. Mais il est possible de démontrer que la réunion des deux pouvoirs en la même personne n'a engendré que le despotisme. Pierre Ier n'a pas voulu *deux épées* dans un État, mais il faut convenir que *le knout* n'a pas peu contribué à courber les populations moscovites agenouillées avec plus de soumission que de piété.

L'Angleterre fut bien surprise lorsque le parlement servile lui annonça qu'à l'avenir le représentant du pouvoir spirituel serait son gros roi Henri VIII, dont toute la vie avait bien mérité les répressions qu'on applique au scandale. Mais heureusement que ce pouvoir fut bientôt transmis à la chaste reine Élisabeth.

Luther lui-même cède à la nécessité de se considérer comme l'instrument ou le moyen à l'aide duquel *le contrat* s'opère entre le ciel et la terre, car, en parlant de lui-même, il aime à dire avec orgueil :

« Pourquoi ne suffirait-il pas du témoignage de ma main, et que l'on pût dire :

« Cela est écrit de la main de Martin Luther, *le notaire* « *de Dieu* et le témoin de son Évangile.

« Hæc scripsit D. Martinus Lutherus, *notarius Dei* et testis Evangelii ejus (1). »

Il faut bien convenir que les motifs sur lesquels repose le concordat sont plus conformes à la raison que toutes ces grossières fictions.

La France, qui a si bien compris la question d'honneur, à l'occasion de la fixation de ses frontières par les puissances coalisées, doit comprendre et comprend le sentiment du devoir dans la fixation des limites des États de l'Église. Elle ne verra pas sans peine la consommation d'un sacrifice auquel elle n'a pas consenti elle-même dans une circonstance analogue.

Elle ne cédera qu'à la loi de la nécessité. Aussi, nous avons vu le gouvernement français lui-même rendre hommage au sentiment du devoir. Il a proposé une transaction dans des termes qui permettent des réserves de droit, pouvant avoir pour objet de constater la force majeure, ou la nécessité de conserver des espérances pour l'avenir, de retenir par la pensée les choses qui ne sont plus en la possession de fait.

______

(1) *Testament de Luther;* voir le recueil de Gabriel Peignot.

Si nous quittions notre poste si naturel et si positivement français, qu'arriverait-il?

Est-ce qu'une puissance de l'Europe peut prétendre à des droits de possession sur Rome?

Est-ce que Turin peut avoir la prétention de se métamorphoser en *capitale romaine?*

Turin est particulièrement en dehors de cette ambition. Son régime parlementaire date d'hier, et le droit canonique circule encore dans ses veines.

Turin n'a jamais avoué que le désir de ressaisir la Lombardie. Sa possession actuelle de l'Italie est un effet secondaire, un *casus belli*, un accident révolutionnaire. La conduite de Turin doit se régler aujourd'hui sur des considérations de raison et de sagesse. Borner ses espérances et tenir compte de l'assistance reçue en se défiant des conseils de ceux qui excitent son appétit, telle doit être sa règle de conduite.

Si les hommes de parti qui demandent notre départ de Rome veulent bien songer aux conséquences de notre abandon et consulter le simple bon sens, ils reconnaîtront que Rome est le diamant du monde, que ce diamant ne peut briller au doigt de Turin, parce qu'il ne peut pas être le fleuron d'une couronne.

Le gouvernement français n'a rien arrêté. Il n'a pas eu l'intention de présenter *un ultimatum*, mais de proposer *des indications* selon lesquelles les conditions d'une transaction pourraient être posées.

Rome sera conservée; elle restera ce qu'elle a été et ce

qu'elle est, la ville éternelle. Elle sera conservée, et c'est encore à la France qu'elle devra sa conservation.

L'esprit de Napoléon Ier et de Napoléon III est *indivisible* pour nous.

Par Napoléon nous désignons la pensée napoléonienne. C'est cette pensée qui a rétabli les cultes et consolidé l'ordre dans le monde, c'est cette même pensée qui réglera la destinée de Rome pour l'avenir. Cet acte de dévouement de la France sera, dans des temps plus calmes, le plus beau titre à la reconnaissance de tous les peuples catholiques. Cet acte sera l'illustration du règne de Napoléon III.

Ce petit livre s'adresse aux hommes qui savent encore croire à quelque chose, et non à cette intelligence sceptique qui se développe et grandit chaque jour, et qui menace de tout envahir.

Il y a des gens qui ne veulent jamais voir le beau côté des institutions ou des choses, et dont la vanité est satisfaite de la découverte des imperfections. Ils croient se placer à un point de vue supérieur à celui qu'accepte l'esprit vulgaire, et ils n'arrivent qu'à exprimer leur ridicule dédain ou leur jalousie pour l'esprit qu'ils ne veulent pas avouer.

Nil admirari, telle est leur maxime; quand ces gens font un faux pas sur leur trottoir, ce n'est certes pas parce qu'ils contemplent la voûte des cieux.

Nous les voyons toujours en opposition avec le sentiment public. Ils répondent par la négation absolue et systématique à toutes les affirmations que nous inspirent le jugement et le bon goût.

Ils sont un reste du monde barbare que l'esprit romain n'a pas conquis et que Rome ne pourra jamais conquérir.

Rome, la capitale du monde païen, est aujourd'hui la capitale du monde chrétien. La ville fondée par Romulus est aujourd'hui la ville de saint Pierre, de saint Pierre qui porte la clef de l'Église. La clef de l'Église, c'est la clef de la science.

Aucune ville n'offre aux yeux du monde autant de monuments accumulés.

Tous ces monuments sont groupés et classés dans un vaste plan qui représente le tableau de l'humanité.

Rome est l'histoire visible, sensible, monumentale.

Elle raconte les lointains du passé, les formes plus accusées du moyen âge, et la physionomie du présent.

Dans le fond de cette grande image, reposent les ruines du vieux monde, qui font ressortir dans toute sa splendeur le plus bel édifice élevé par la main des hommes, l'église de Saint-Pierre.

Elle inscrit le règne de l'épée qui a vaincu et subjugué les nations.

Elle proclame le règne de la croix qui a sauvé les hommes.

Elle est le berceau et le foyer des sciences, des lettres et des arts.

C'est d'elle que dérive tout ce qui est beau, tout ce qui est vrai, tout ce qui est moral, tout ce qui constitue la grande harmonie.

Elle est la source, la tradition, la conservation.

Elle est le *spiritus qui alit*.

Elle est la *mens quæ agitat molem*.

Elle est le prestige du pouvoir.

Rome est tout cela!

Et, il y a des gens qui ne la voient pas!

Et, il y a des gens qui ne l'entendent pas!

Et, il y a des gens qui veulent l'acheter ou la vendre, et qui l'estiment au prix de la principauté de *Monaco!*

Mais la Rome chrétienne ne s'est jamais vendue aux barbares.

Elle ne peut se donner pour aucun prix.

Rome s'est faite elle-même ce qu'elle est.

Elle est l'œuvre de son génie, la *merveille* de son travail.

Elle a fait le monde à son image.

Elle l'a régénéré; elle a soufflé sur lui l'esprit pur qui vivifie.

Elle n'a vécu que pour engendrer ou féconder.

Elle est notre mère à tous!

Mais elle a aimé, elle aime avec prédilection la France, sa fille aînée; c'est par la France qu'elle a distribué ses grâces sur les nations; c'est dans la France qu'elle a placé toutes ses espérances!